La petite imagerie

LES BÉBÉS
A[illegible]UX

FLEURUS

Bébé chat et bébé chien

Le chaton et le chiot se développent dans le ventre de leur maman pendant 2 mois environ. À la naissance, aveugles et sourds, ils ont besoin, pour bien grandir, de rester auprès d'elle les premières semaines.

Très curieux, les chatons adorent grimper dans les arbres. Il faut bien les surveiller.

Les chatons aiment jouer à se bagarrer.

Selon les races, la chienne peut avoir jusqu'à 12 chiots en une portée. Elle allaite ses bébés et les lèche pour les nettoyer.

Si un chiot désobéit, la chienne le punit d'un coup de patte ou le secoue légèrement en le tenant dans sa gueule.

La chatte attrape son petit par la peau du cou pour le déplacer quand il y a un danger.

Le chaton apprend à devenir un bon chasseur : s'approcher doucement de la proie et bondir d'un coup pour la capturer.

Bébés de la basse-cour

Les petits de la poule sont les poussins ; ceux de la cane, les canetons ; ceux de l'oie, les oisons. Tous se développent dans des œufs couvés par la femelle. Les lapereaux sont aussi des bébés de la basse-cour.

Dès qu'ils sentent un danger, les poussins se réfugient sous les ailes de leur maman.

Âgés de quelques jours à peine, les poussins savent déjà marcher.

Les canetons sont très dociles et suivent leur maman à la queue leu leu.
Ils savent nager dès leur premier jour : la cane dépose sur leur duvet
un filet de graisse qui l'imperméabilise et les empêche de se noyer.

Quelques jours après leur naissance, l'oie apprend à ses petits à trouver de la nourriture.

Les lapereaux ne sortent pas d'un œuf : ils se développent dans le ventre de la lapine pendant environ 1 mois.

Bébés de la savane

C'est souvent à la saison des pluies, quand l'herbe est abondante et les étangs remplis d'eau, que les bébés de la savane viennent au monde. En effet, beaucoup sont herbivores et ils peuvent ainsi se nourrir plus facilement.

L'éléphanteau se nourrit du lait de sa maman jusqu'à l'âge de 3 à 4 ans.

Les rayures blanches du zébreau s'élargissent au fur et à mesure qu'il grandit.

Le bébé hippopotame reste plusieurs années auprès de sa maman. Quand il a peur ou pour se déplacer, il grimpe sur son dos !

Le girafon fait une chute de 2 mètres lorsqu'il naît. 2 mètres, c'est aussi sa taille : il est déjà très grand !

Peu après la naissance, la maman girafe encourage son petit à se lever en le léchant. Il doit rapidement tenir sur ses pattes pour pouvoir la téter.

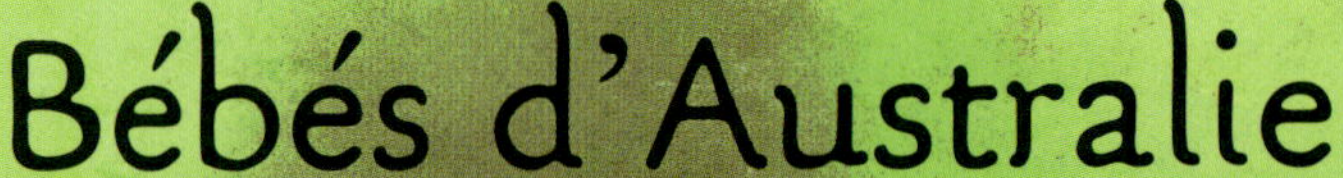

Bébés d'Australie

L'Australie est peuplée d'animaux très différents, qui doivent supporter de longues périodes de sécheresse et survivre dans des régions quasi désertiques.

À la naissance, le bébé kangourou a la taille d'une framboise. Il se cache dans la poche ventrale de sa maman, où il peut téter et se développer à l'abri du danger.

Le bébé koala grandit et se nourrit dans la poche ventrale de sa maman. Ensuite, il s'accroche sur son dos.

L'ornithorynque est un drôle d'animal avec un bec de canard et une queue de castor. La maman pond des œufs mais allaite ses petits.

L'émeu ressemble beaucoup à l'autruche. Le papa couve les œufs et protège le nid. Après la naissance, les petits restent auprès de lui. Il leur apprend à chercher de la nourriture et il veille sur eux pendant 1 an et demi.

Jeux

Quel bébé vit sur la banquise ?
Pointe-le du doigt.

Le marcassin

Le bébé tortue

L'ourson blanc